# THÈSE

DE

# LICENCE.

# ACTE PUBLIC

## POUR

# LA LICENCE

En exécution de l'Article 4, Titre 2, de la Loi du 22 Ventôse an XII.

## SOUTENU

### Par M. CABANIAL (J.-A.),

Né à Toulouse (Haute-Garonne).

**TOULOUSE,**

Typographie Troyes OUVRIERS REUNIS,
Rue Saint-Pantaléon, 5.

**1861.**

MEIS

ET

AMÍCIS.

# Jus Romanum.

---



**De litterarum obligatione. — De non numerata pecunia.**

Inst. Just. Lib. III , Tit. II. Cod. Lib. IV. Tit. XXX.

Contractus litteralis, sive litterarum obligatio est quæ solis litteris capit substantiam, adeo, ut qui illas scripsit , teneatur tametsi nihil acceperit. Hujus contractus in Pandectis non fit mentio : imo quoties contractus recensentur, semper fere tantum tres species recensentur, omisso contractu litterali.

Hinc quidam auctores colligunt , hunc contractum demum a Justiniano inventum, et olim talium generum contractus nominatos esse.

Sed quamvis fatendum sit, Justinianum litterarum obligationi novam formam dedisse : ipsa tamen divisio contractuum in reales, litterales, verbales et consensuales omninò antiqua est; quippe cujus jam Gaïus meminit in Institutionibus suis (Comm. 3, §128, s.). Fuit ergo et olim litterarum obligatio, sed alia atque alia quam hodie post Justiniani constitutionem.

Antiquissimis temporibus moris quodammodo fuit unumquemque patremfamilias domesticam rationem sibi totius vitæ suæ per dies singulos scribere, ex qua appareret, quid quisque de reditibus suis, quid de arte, fœnore, lucrove seposuisset quoquo die, et quid idem sumptus damnive fecisset. Hæ scripturæ appellabantur *tabulæ* sive *codices*. Veterum Romanorum austeritas et fides his domesticis tabulis fere - religiosam sanctionem accommodaverunt.

Ad conficiendas diligentissime has tabulas Romani tenebant scripturas menstruas quæ *adversaria* appellabantur, in quibus scribebantur confusè, sine ordine, negligenter et prout res eveniebat, rationes, sumptus, damna cæteraque ad rem familiarem pertinentia negotia. Postea vero demum ex his referebantur in tabulas quæ in ordinem et diligenter confectæ erant; quæ æternæ, sanctæ sunt, quæ perpetuæ existimationis fidem et religionem amplectuntur. (Cic. pro Quintio Noscio comædo oratio 3, ₴ 2.) At contra, adversaria, scribebantur negligenter, erant menstrua, delebantur statim, parvi temporis memoriam amplectebantur et in judicio no proferebantur. (Ibid.)

Res igitur tota ad hunc finem peragitur ut inde memoria servetur atquæ tabulæ ita conscriptæ fidem negotiis præbeant, sed non statim ut peractum est inde obligatio litterarum nascitur. Vel maxime necesse est ut accedat pecuniæ numeratio, ut is qui accipit aut dat, scribeat nomen accipientis vel dantis ; inde appellantur obligationes , *nomina*. In tabulis conscripta nomina dicuntur etiam *arcaria nomina*, quasi ex arca sumpti nummi et mutuo dati. Attamen, nondum inde obligatio litterarum nascitur. Nomina enim arcaria non erant species obligationum litteris; *nullam facere obligationem*, aït Gaïus ( Com. 3, ₴ 131.), *sed obligationis factæ testimonium præbere*. Hinc et pegrini arcariis nominibus obligari possunt, quia, ut dicit idem Gaïus, non ipso nomine sed numeratione pecuniæ obligantur; quod genus obligationis juris gentium est.

Ut inde vera antiqua civilis obligatio litterarum nascatur oportet , scilicet, imprimis ut partes consentiant in id, ut altera habeat pecuniam pro *expensa lata ; altera vero pro accepta lata* ; deinde , ut ita nego-

tium peractum in tabulis vel codicibus totum cum certa solemnitate ver-
borum conscriptum esset. Tum demum obligatio confecta litteris dicitur.
Scriptura hoc casu non solum testimonium præbet obligationis contractæ, sed etiam ipsi contractui esse dat.

Litterarum obligatio ita confecta sive expensilatio erat contractus
stricti juris ; res in hoc contractu non aliæ deducebantur quam quæ
quantitatibus certis , pecunia certa consistebant. Expensilatio non poterat contrahi sub conditione. « Sub conditione, aït jurisconsultus Vaticana
Ju. Rom. fragm. § 329), cognitor non recte datur , non magis quam
mancipatur , aut acceptum vel expensum fertur.» Actio ex hoc contractu
dicitur condictio certi.

Temporibus Gaï obligatio litteris fiebat nominibus transcriptitiis ; et
hoc duplici modo locum habebat : vel a re in personam, vel ex persona
in personam. Nam, si id quod exemptionis causa aut conductionis aut
societatis mihi debeas , id expensum tibi tulero, erit a re in personam
nomen transcriptitium. Sed et si id quod mihi Titius debet, tibi id expensum tulero, id si Titius se delegaverit mihi , erit a persona in personam transcriptio. (Comm. 3. § 128. s.).

Expensilatio , quia contractus civilis erat, solos cives romanos obli-
gabit. An transcriptitiis nominibus peregrinis obligarentur, quæstionis
erat. Nerva dicebat solos romanos transcriptitiis nominibus obligari ,
quia quodammodo juris civilis est talis obligatio. Sabino autem et Cassio
visum est, si a re in personam fiat nomen transcriptitium , etiam pere-
grinos obligari , si verò a persona in personam , non obligari (ibid.).

Præterea litterarum obligatio fieri poterat etiam chirographis et syn-
graphis , id est si quis debere se aut daturum se scribat , ita, scilicet si
eo nomine stipulatio non fiat. Quod genus obligationis proprium peri-
grinorum est. Chirographa ab una parte servari solent, syngraphæ si-
gnatæ utriusque manu , utrique parti servandæ traduntur.

Aliæ scripturæ , veluti *instrumentum* , libellus , charta , chartula fiunt,
ut quod actum est per eas facilius probari possit, id est, non pariunt
per se obligationem sed obligationis contractæ testimonium præbent.
Postea, accessit etiam et alia scriptura quæ *cautio* appellata est, qua

quidquam cavebatur, veluti, mutuum depositum, venditionem cæte-
rumve negotium civile.

Jam quum et codices accepti et expensi, nomina arcaria et transcrip-
titia et syngraphæ in desuetudinem abierint, sola *cautio* cum suo syno-
nimo *chirographo* in novo jure romano remansit.

Si quis his instrumentis caverit se debere pecuniam, rem commoda-
tam aut depositam. Stipulationem vel venditionem peractam stare eum
oportet suæ confessioni; nisi certe ipse e contrario per appertissima re-
rum argumenta scriptis inserta religionem judicis possit instruere quod
in alium quemquam modum, et non in eum quem cautio perhibet,
negotium subsequatum sit. ( L. *de non numerata pecun.* 4, 30, 13 ).
Aut, ut Paulus aït, nisi evidentissimis probationibus in scriptis habitis
ostendere paratus sit sese hæc indebite promisisse (D. 25, 2 4, *de probat.
et præsumpt.* ). Sed si autem *cautio* exposita esse dicatur et indiscrete
(confusement) loquitur, tunc eum in quem cautio exposita est, compelli
debitum esse ostendere, quod in cautionem deduxit. Hæc de instrumentis
simpliciter probatoriis, de cautionibus.

At quid, si obligatio litteris civilis existat; quid exempli gratia, si, an-
tiquo jure ex expensilatione aut transcriptitiis nominibus agatur et debitor neget factum, scilicet obligationem? Jure civili stricto, debitor tenetur;
quia causa civilis, id est litteræ, contractui adest. Postea tamen prætor debitori exceptionem doli mali concessit in factum, quod si debitor proba-
verit, absolvendus est. Ergo si debitor neget debitum esse, debitori in-
cumbit probatio facti, cum debitum non sit. Nam qui excipit probare debet quod excipitur; reus in exceptione actor est.

*Hoc est principium juris communis.*

Sed paulatim in progressu temporum jurisprudentia romana singu-
lare principium admisit: nempe distinguendum est, utrum obligatio ad
certam pecuniam numeratam pertineat, an ad alias res. Si ad pecuniam
numeratam, debitor, contra quem cautio numeratæ pecuniæ exposita est,
si negat, pecuniam sibi numeratam fuisse, obtinet utique a prætore exceptionem quæ in jure *non numeratæ pecuniæ exceptio* appellatur.

Sane, si principium juris sequimur, debitor debet probare factum quod locus exceptioni dat, id est, debet probare pecuniam ei non numeratam fuisse.

At non ita est; jurisprudentes vero hujus temporis introduxerunt alteram regulam secundum quam, non debitor negativam probare debet, sed creditur affirmativam. « Cum inter eum qui factum adseverans, onus subit probationis, et negantem numerationem (cujus naturali ratione probatio nulla est) et ob hoc ad petitorem ejus rei necessitatem transferentem, magna sit differentia, ita scribunt Imperatores Dioctetianus et Maximianus. (l. *de non numerata pecunia*, L. 10). Idem dicit Antoninus Imperator. » Si ex cautione tuâ, licet hypotheca data, conveniri cæperis : exceptione opposita, seu doli, seu non-numeratæ pecuniæ, compellitur petitor probare pecuniam tibi esse numeratam : quo non impleto, absolutio sequetur (3 ibid.).

Attamen hoc onus probandæ numeratæ pecuniæ petitori impositum non sine limitibus remansit. Erat autem legitimum tempus, legibus definitum tempus, intra quod hujus rei querela deferri debet.

Hoc tempus ab Imperatoribus Junioribus ex cautione exceptionem non numeratæ pecuniæ, non anni, sed quinquenii spacio deficere, nuper censuit Marcus Aurelius. A Justiniano vero hoc tempus coarctatum est ad biennium continuum : quo elapso, nullo modo querela non numeratæ pecuniæ introduci possit; his scilicet, qui propter alias causas specialiter legibus expressas etiam elapso quinquennio in præteritis temporibus adjuvantur, etiam in posterum (licet biennium pro quinquennio statutum est), eodem auxilio potiturus (l. 14, *de non numerata pecunia*).

In summa dicimus contractum litteris jure Justinianeo esse contractum, quo quis qui chirographo se ex mutuo debere fassus est, idque intra biennium non retractavit, ex his ipsis litteris obligatur et conveniri potest, etiam si pecuniam numeratam non acceperit. Idque Justinianus distinguit sitne chirographum biennio antiquius nec ne.

Biennio nondum elapso habet debitor exceptionem non numeratæ pecuniæ : elapso illo abscisse tenetur ad solutionem, nec auditur, etiam si centies occentet judici, se pecuniam in eo chirographo expressam nunquam accepisse.

## QUÆSTIONES.

I. An hæc exceptio non numeratæ pecuniæ pertineat ad depositum?
— Non.

II. Quid, si aliunde appareat, pecuniam esse numeratam, veluti si
præter chirographum creditor in manibus habeat separatam apocham,
qua debitor sibi fassus est numeratam pecuniam, modo ea apocha sit
chirographo aliquando recentior, an exceptioni locus erit? — Non.

III. Ex chirographo post biennium nascatur-ne præsumptio juris et de
jure? — Sic.

# Code Napoléon.

## De la puissance paternelle et de son administration pendant le mariage.

### (Articles 371 à 387, 388 et 389, Cod. Nap.)

*Puissance paternelle.* — Ces mots désignent l'autorité que les lois donnent au père et à la mère sur la personne et les biens de leurs enfants.

Cette puissance fut étendue par les anciens Romains au-delà de ses bornes légitimes ; elle était chez eux un droit de propriété; les fils de famille n'étaient relativement à leurs pères que des choses , comme leurs esclaves et leurs bêtes de somme; pendant longtemps les pères eurent sur leurs enfants le droit de vie et de mort.

Dans les premiers temps de la monarchie française la puissance paternelle fut portée à l'excès : le père pouvait vendre ses enfants.

Aujourd'hui, la puissance paternelle, telle qu'elle est établie par notre législation, est un pouvoir fondé sur la nature et confirmé par la loi, qui donne au père , et à son défaut à la mère, le droit d'élever ses enfants, d'administrer leurs biens et de jouir de ces mêmes biens.

Je vais donc parler : 1o du droit d'éducation des enfants se trouvant sous la puissance paternelle; 2° du droit d'administration de leurs biens; 3o du droit d'usufruit légal.

## CHAPITRE Ier.

### Du droit d'éducation.

Le droit d'éducation des enfants consiste à diriger et à surveiller leur conduite, à régler leur genre de vie ainsi que le mode de leur éducation, et même, s'il y a lieu, à leur infliger des punitions.

Le droit d'éducation appartient simultanément au père et à la mère; mais l'exercice en est réservé au père tant qu'il est capable ; c'est seulement quand il est mort, absent, interdit, ou déchu de son droit par condamnation judiciaire, que cet exercice passe à la mère. ( Articles 372, 373.)

L'enfant est soumis à l'éducation jusqu'à sa majorité ou son émancipation (372.)

En conséquence de ce droit d'éducation, la loi interdit aux enfants de quitter la maison paternelle sans le consentement de leur père, ou, le cas échéant, sans celui de leur mère, à moins qu'ils n'y soient contraints par de mauvais traitements, ou qu'à l'âge de vingt ans, ils ne veuillent s'engager au service militaire.

Pour rendre le droit d'éducation efficace, la loi accorde aux parents la faculté de faire détenir les enfants de la conduite desquels ils ont gravements à se plaindre.

La détention a lieu par voie d'autorité ou par voie de réquisition.

Quand la détention a lieu par voie d'autorité, le magistrat auquel est adressée la demande de détention n'a pas le droit de la refuser, ni d'en examiner les motifs, ni d'en abréger la durée.

Quand la détention est demandée par voie de réquisition, le magistrat examine les motifs de la demande qui lui est faite; il peut ne pas l'accorder, il peut aussi abréger la durée de la détention demandée.

Dans le cas où la détention est exercée par voie d'autorité, l'enfant n'a aucun recours à exercer contre la détention; il en est autrement dans le cas de détention par voie de réquisition. La durée de la détention par voie d'autorité ne peut excéder un mois, la détention par voie de réquisition, peut durer six mois.

Le père seul pourra faire détenir son enfant par voie d'autorité, à la condition : 1° que l'enfant ait moins de seize ans commencés ; 2° que le père ne soit pas remarié; 3° que l'enfant n'ait pas des biens personnels

La mère n'a jamais le droit de faire détenir son enfant par voie d'autorité. Le législateur a craint que, trop facilement alarmée, elle recourût à des moyens extrêmes; elle ne pourra agir que par voie de réquisition, et encore faudra-t-il qu'elle ne soit pas remariée et qu'elle agisse avec le concours des deux plus proches parents paternels de l'enfant. (381.)

Le droit d'éducation appartient aux père et mère des enfants naturels légalement reconnus, d'après les mêmes règles que je viens d'indiquer. (383.)


## CHAPITRE II.

### Du droit d'administration des biens.


Ce droit consiste à représenter le mineur dans tous les actes civils, à régir ses biens en bon ménager et père de famille.

Tant que dure le mariage, l'enfant n'est point en tutelle. Le père, s'il est capable, administre les biens de cet enfant.

Le père, dit l'article 389, est, durant le mariage, administrateur des biens personnels de ses enfants mineurs.

Quand le père sera interdit, présumé absent, ou déchu de son droit de puissance paternelle, quand il sera privé de l'administration, pour cause d'inconduite notoire, d'infidélité ou d'incapacité, ce droit sera exercé par la mère, le droit d'administration des biens étant une conséquence du droit de la puissance paternelle.

Le père administrera les biens de son enfant mineur de la même manière qu'un tuteur est tenu d'administrer.

Cependant l'administrateur des biens de l'enfant ne sera pas tenu de recourir au conseil de famille dans le cas où le tuteur est tenu de le faire, puisqu'il n'y pas de conseil de famille organisé pour diriger et surveiller l'administrateur légal.

Il suit de là que le père administrateur pourra faire seul tous les actes d'aministration, qu'un tuteur pourrait faire avec la seule autorisation du conseil de famille.

Mais dans les cas où l'autorisation du conseil de famille est elle-même insuffisante, quand la justice devra intervenir, cette intervention sera nécessaire à l'administateur légal comme elle l'est au tuteur ; ainsi, pour emprunter au nom du mineur, pour aliéner ou hypothéquer ses immeubles et pour transiger, l'administrateur légal devra se faire autoriser par justice.

Le gouvernement des biens de l'enfant pendant le mariage, étant un droit inhérent à la puissance paternelle, ne saurait en être détaché par une volonté privée ; toute condition renfermée dans une donation ou un testament, enlevant aux père et mère l'administration des biens légués ou donnés, serait légalement non-avenue, comme contraire à l'ordre public.

# CHAPITRE III.

## Du droit d'usufruit légal.

Pour indemniser les pères et mères des soins et des responsabilités qu'entraînent l'éducation des enfants et l'administration de leurs biens, la loi leur a accordé un droit d'usufruit.

L'art. 384 du Code ordonne que « le père, durant le mariage, et après la dissolution du mariage, le survivant des père et mère, auront la jouissance des biens de leurs enfants jusqu'à l'âge de dix-huit ans accomplis, ou jusqu'à l'émancipation qui pourrait avoir lieu avant l'âge de dix-huit ans. »

L'usufruit des biens des enfants est un droit qui suit la puissance paternelle à laquelle il est attaché, c'est au père qu'il appartient pendant qu'il vit ; ce droit est indépendant de la tutelle. La mère qui n'accepte pas la tutelle de ses enfants, le père dispensé pour cause légitime, ou exclu à raison d'incapacité ou pour toute autre cause, ne perdent point le droit d'usufruit sur les biens de leurs enfants,

La loi prive de cet usufruit celui des époux qui, à la mort de l'autre époux, n'a pas fait procéder à l'inventaire des biens dépendants de la communauté.

La mère qui a convolé à de secondes noces.

L'usufruit légal des père et mère s'étend en général sur tous les biens des enfants (384) ; il n'y a d'excepté que ceux, 1o qu'ils peuvent acquérir par un travail et une industrie séparés ; 2o ceux qui leur sont donnés ou légués sous la condition expresse que les père et mère n'en jouiront pas (387); 3o ceux que les enfants ont recueillis d'une succession dont le père a été déclaré indigne ; 4o et enfin ceux qui font partie d'un majorat.

Cet usufruit est soumis par l'art. 385 aux charges suivantes, qui sont :

1° Celles dont sont tenus les usufruitiers ;

2o La nourriture, l'entretien et l'éducation des enfants, selon leur fortune ;

3o Le paiement des arrérages ou intérêts des capitaux ;

4° Les frais funéraires et de dernière maladie des personnes dont les enfants ont hérité ;

L'usufruit légal peut s'éteindre par l'une des neuf causes suivantes :

1o La mort naturelle de l'usufruitier légal ;

2o Sa renonciation à l'usufruit ;

3o Sa déchéance de l'usufruit judiciairement prononcée pour abus de jouissance ;

4° Par la déchéance du droit de puissance paternelle résultant de la condamnation prononcée pour avoir excité ou favorisé la débauche des enfants.

5° Le défaut de la part du survivant des époux communs en biens d'avoir fait dresser dans le délai légal un inventaire des biens de la communauté ;

6° Le second mariage de la mère ;

7o La mort naturelle de l'enfant ;

8° L'accomplissement de sa dix-huitième année ;

9° Son émancipation.

## QUESTIONS.

I. — Les père et mère de l'enfant naturel ont-ils l'administration légale des biens lui appartenant ? — Non.

II. — L'usufruit légal, sur les biens des enfants d'un premier lit, éteint par le convol de la mère à secondes noces, renaît-il après la dissolution du second mariage ? — Non.

III. — L'inconduite de la mère donne-t-elle lieu à l'estimation de l'usufruit ? — Non.

# Procédure Civile.

## De la saisie exécution.

La saisie exécution est un acte par lequel on fait mettre sous la main de la justice et confier à un gardien judiciaire les effets mobiliers du débiteur, pour être conservés et ensuite vendus, dans les délais légaux, au profit du saisissant et de ceux qui y ont droit.

La saisie exécution, dépouillant le débiteur de sa chose , est une voie rigoureuse, et l'on peut déjà pressentir qu'elle n'est pas accordée à tous les créanciers indistinctement.

En effet, pour saisir exécuter, il faut avoir une créance liquide, certaine et exigible , et de plus avoir un titre exécutoire.

Je vais rapidement parler des choses saisissables , j'exposerai ensuite les formalités de la saisie , je ferai connaître les obstacles à la saisie ou à la vente , prévus par la loi ; et enfin, je parlerai des formalités de la vente des objets saisis.

# CHAPITRE Ier.

## Choses saisissables.

Une première condition est requise pour que les choses soient saisissables, par la voie de la saisie exécution ; il faut :

1o Que ces choses consistent en objets mobiliers corporels ;

2o Que ces objets mobiliers corporels soient entre les mains du débiteur et non en celles d'un tiers ; il faut en outre que ces objets n'aient pas été déclarés insaisissables par la loi.

Il y a des objets insaisissables d'une manière absolue, il y en a d'autres qui peuvent être saisis pour certaines créances.

Sont absolument insaisissables les objets mobiliers suivants (art. 592 et 593 Cod. Pr.) :

1o Le coucher nécessaire des saisis, ceux de leurs enfants vivant avec eux.

Par coucher, il faut entendre les parties du lit indispensables au repos ; tout ce qui n'est que de luxe peut être saisi.

2o Les habits dont les saisis sont vêtus et couverts. (Art. 592 et 593, Cod. Pr.)

3o Les décorations, quoique la loi ne le déclare point.

4o Les papiers du saisi.

5o Les manuscrits d'un auteur.

Ne sont saisissables que pour les créances indiquées par l'article 593 Cod. Pr., les objets suivants :

1o Les livres relatifs à la profession du saisi, jusqu'à la somme de trois cents francs, à son choix ; 2o les machines et instruments servant à l'enseignement pratique ou exercice des sciences et arts, jusqu'à concurrence de la même somme, et au choix du saisi ; 3o les outils des artisans nécessaires à leurs occupations personnelles ; 4o les farines et menues denrées néessaires à la consommation du saisi et de sa famille

3

pendant un mois ; 5o une vache , ou trois brebis, ou deux chèvres , au choix du saisi , avec les pailles , fourrages et grains néceesaires pour la litière et la nourriture desdits animaux pendant un mois ; tous ces objets sont déclarés insaisissables comme étant nécessaires à la subsistance du saisi ; 6o les objets que la loi déclare immeubles par destination ; ces objets sont l'accessoira de l'immeuble et doivent être saisis imimobilièrement.

## CHAPITRE III.

### Formalités de la saisie.

Je vais envisager la saisie dégagée de tout incident.

Avant de procéder à la saisie, il faut mettre le débiteur en demeure de payer par la voie d'un commandement.

Le commandement contient, outre les formalités ordinaires des exploits, 1o la notification du titre, s'il n'a déjà été notifié; 2o élection de domicile dans la commune où doit se faire l'exécution, si le créancier n'y demeure, afin que le débiteur puisse faire à ce domicile élu toutes significations, même d'offres réelles et d'appel.

Le commandement est signifié à la personne ou au domicile du débiteur un jour avant la saisie; il peut être signifié au domicile élu pour l'exécution de l'obligation.

Le défaut de commandement entraîne la nullité de la saisie.

Un jour franc après le commandement, l'huissier peut procéder à la saisie.

L'huissier qui procèdera à la saisie sera assisté de deux témoins, Français, majeurs, non parents ni alliés des parties ou de l'huissier, jusqu'au degré de cousin issu de germain inclusivement, ni leurs domestiques. La partie poursuivante ne pourra être présente à la saisie.

L'assistance des témoins est exigée pour la sûreté de l'huissier, pour lui prêter main-forte au besoin, et aussi dans l'intérêt du débiteur, afin que l'huissier ne commette pas de fraude ou de malversations.

Pour s'assurer de la présence réelle des témoins, la loi veut qu'ils signent l'original et la copie.

Avant de procéder à la saisie, il est fait itératif commandement au débiteur si l'exécution a lieu en sa demeure, qu'il y soit ou non présent, le débiteur a pu laisser des fonds à ses préposés.

Pour prévenir, dans l'intérêt de toutes parties, les détournements, la loi veut que les objets soient désignés et détaillés dans le procès-verbal de saisie.

Les objets saisis sont confiés à un gardien, au choix du saisi.

Si le saisi ne présente gardien solvable et de la qualité requise, c'est-à-dire contraignable par corps, l'huissier en établit un; les objets saisis lui seront confiés.

Le procès-verbal de saisie contiendra indication du jour de la vente.

Il sera fait sans déplacer, c'est-à-dire, *uno contextu*, sans divertir à d'autres actes, sur les lieux et non ailleurs, d'après les notes que l'huissier aurait prises.

Si la saisie est faite au domicile de la partie, copie lui sera laissée sur-le-champ du procès-verbal, signée des personnes qui auront signé l'original ; si la partie est absente, copie sera remise au maire ou adjoint ou au magistrat, qui en cas de refus des portes, aura fait faire ouverture, et qui visera l'original. La loi a voulu que le débiteur fût immédiatement averti, et que la copie lui fût fidèlement remise.

Si la saisie est faite hors du domicile et en l'absence du saisi, copie lui sera notifiée dans le jour, outre un jour par trois myriamètres; sinon les frais de garde et le délai pour la vente ne courront que du jour de la notification.

## CHAPITRE III.

### Obstacles à la saisie ou à la vente.

*Portes fermées.* — Dans ce cas, l'huissier doit établir gardien aux portes pour empêcher le divertissement des meubles que l'on veut saisir, et se conformer aux dispositions de l'art. 587.

L'officier en présence duquel l'ouverture des portes aura eu lieu ne dressera pas de procès-verbal séparé ; la loi veut économiser des frais à toutes parties, sa présence sera suffisamment justifiée par la signature du procès-verbal de l'huissier et des copies.

*Saisie précédente.* — Lorsque l'huissier se présentant pour saisir trouve une saisie déjà faite et un gardien établi , il ne peut saisir de nouveau.

Toutefois l'existence d'une saisie conservatoire ou d'une saisie gagerie , simple mesure conservatoire, n'est pas un obstacle à une saisie exécution.

En cas de saisie exécution précédente, l'huissier peut seulement procéder au récolement des meubles et effets sur la copie du procès-verbal que le gardien sera tenu de lui présenter ; il saisira les effets omis , et fera sommation au premier saisissant de vendre le tout dans la huitaine ; le procès-verbal vaudra opposition sur les deniers de la vente.

Le procès-verbal de récolement est notifié ; 1o au premier saisissant ; 2o au saisi; 3o au gardien s'il y a saisie d'effets omis : alors seulement la saisie lui impose de nouvelles obligations.

*Opposition du saisi.* — L'huissier doit passer outre à la saisie, malgré les réclamations du saisi ; provision est due au titre, mais l'huissier doit suspendre , si le saisi exhibe un acte d'appel du jugement en vertu duquel il agit ou s'il déclare former opposition au jugement de défaut dont on poursuit l'exécution.

Quand un tiers se prétend propriétaire des objets saisis , ce tiers peut s'opposer à la vente et former une demande en distraction.

Cette demande *en distraction* est un obstacle à la vente. Elle est formée par un exploit d'opposition à la vente signifié au gardien, et dénoncé au saisissant et au saisi avec assignation libellée et indicative des preuves de propriété, à peine de nullité. Il sera statué sur cette demande par le tribunal du lieu de la saisie , comme en matière sommaire :

Les créanciers du saisi pour quelque cause que ce soit, ne peuvent plus, comme autrefois, s'opposer à la vente, ils ne peuvent former opposition que sur le prix de la vente.

## CHAPITRE IV.

### Des formalités de la vente.

La vente est fixée à huit jours au moins après la notification de la saisie au débiteur ; si elle est retardée, il faut de nouveau l'y appeler.

Dans l'intérêt du saisi et des créanciers, on doit choisir un jour de marché ou un dimanche, et le lieu du plus prochain marché, ou celui que le tribunal désigne comme le plus avantageux.

La vente est annoncée un jour à l'avance par la voie des journaux, et par plusieurs affiches apposées aux lieux indiqués par la loi.

S'il s'agit de meubles de prix, tels que de la vaisselle, et des joyaux estimés à trois cents francs au moins, les publications sont réitérées et dans aucun cas, ces derniers objets ne pourront être vendus au-dessous de leur valeur réelle ou de l'estimation.

Ces formalités ne sont exigées, à peine de nullité, que pour les objets désignés dans l'art. 621 ; elles sont simplement facultatives pour les autres choses de prix.

La vente est faite à l'enchère, et l'on revient sur-le-champ à la folle-enchère de l'acquéreur, qui ne paie pas, sans préalable ordonnance du juge.

L'huissier ou le commissaire priseur sont personnellement responsables du prix de la vente.

On ne doit vendre que la partie des meubles qui suffit au paiement des créances et des frais, l'excédant est remis sur-le-champ au saisi, et la vente cesse, à moins qu'il n'y ait opposition.

En cas d'insuffisance du prix pour couvrir le montant des créances et des frais, on en fait la distribution par contribution.

# QUESTIONS.

I. L'huissier peut-il saisir dans la rue ou sur une route la voiture avec le cheval appartenant au saisi ? — Oui.

II. Qu'arriverait-il si l'huissier, au lieu de recourir au magistrat dans le cas de la fermeture de la porte, s'introduisait de sa propre autorité dans la maison du saisi, sur le fondement que l'entrée en était facile, par exemple, en franchissant une haie ou un mur de clôture, la saisie serait-elle valable ? — Non.

III. Le gardien peut-il exiger d'être mis en possession des objets saisis ? — Oui.

# Droit Criminel.

## De la minorité en Droit Criminel.

### (Art. 66 à 69 C. P.)

Il y a un grand nombre de cas dans lesquels le législateur ne punit point les auteurs des crimes ou des délits, il y en a d'autres dans lesquels il leur inflige des peines moins fortes que les peines ordinaires ; parmi ces cas figure la minorité.

De tout temps l'âge a eu le privilége d'attirer l'attention des législateurs : à Rome il fut étudié pour l'application des peines ; et selon le degré de l'âge, la loi n'infligeait point des peines à l'enfant, on remplaçait les peines ordinaires par des peines plus légères.

L'âge a été apprécié par nos législateurs, et notre loi a créé une minorité en faveur des enfants. Cette minorité en droit criminel a été fixée à seize ans.

L'enfant qui n'a point seize ans accomplis n'est point puni s'il a agi sans discernement, et dans le cas où il aurait agi avec discernement, son âge devient une cause d'excuse, il n'est jamais, quel que soit son crime , frappé des peines afflictives et infamantes ou seulement infamantes,

Il y a plus , notre loi, présumant l'innocence du mineur , veut que l'on examine avant de le condamner , s'il a agi avec ou sans discernement dans la perpétration du crime ou du délit.

Et toute pleine de sollicitude pour l'enfant mineur , elle lui évite la flétrissure des débats de la Cour d'Assises en rendant , par exception , les tribunaux correctionnels compétents pour juger les crimes commis par les mineurs ; et si les mineurs sont et doivent être jugés par la Cour d'Assises , dans certains cas, c'est parce que le législateur a été contraint de l'ordonner ainsi par les motifs les plus graves.

Cet aperçu terminé , nous alons examiner les conséquences de la déclaration de non-discernement ; nous verrons ensuite celles de la déclaration de discernement ; et enfin nous dirons quelques mots sur la compétence.

§ 1er.

*Déclaration de non discernement.*

Le discernement est l'intelligence de la criminalité de l'acte que l'on commet.

Si l'on comprend , sans peine, que l'enfant qui agit avec la maturité de l'intelligence , dans la perpétration des crimes et des délits , doit être puni dans une certaine mesure , on conçoit aussi que l'enfant qui agit sans comprendre la criminalité de l'acte qu'il accomplit , sans apercevoir la valeur morale de cet acte et ses conséquences , ne peut être atteint par la loi pénale , à cause de l'innocence du fait accompli.

L'article 66 du Code Pénal ne punit point l'enfant qui a agi sans discernement

Cet article déclare que lorsque l'accusé aura moins de seize ans , s'il est décidé qu'il a agi sans discernement, il sera acquitté : mais il sera , selon les circonstances, remis à ses parents ou conduit dans une maison de correction pour y être élevé et détenu pendant tel nombre d'années que le jugement déterminera et qui, toutefois, ne pourra excéder l'époque où il aura accompli sa vingtième année.

Cet article, comme on vient de le voir, est impératif : l'accusé doit être acquitté. Le mineur de moins de seize ans ne peut donc être puni lorsqu'il sera déclaré qu'il a agi sans discernement; il ne peut donc être renvoyé sous la surveillance de la haute police.

Et puisque le mineur ne peut, dans l'espèce que nous examinons, être puni, la détention prononcée contre lui, en vertu de l'art. 66 que je viens d'indiquer, n'est point une peine.

Cette détention n'a pour but que d'arriver à l'amélioration morale du mineur et à son éducation.

Cette détention n'étant pas une peine, il en résulte que si le mineur, après avoir subi la détention, commet un nouveau crime ou délit, il ne sera pas passible des peines de la récidive, la récidive supposant une condamnation antérieure pour crimes ou délits.

Le mineur, quoiqu'il ne puisse être puni, n'est pas moins tenu à payer les frais de la procédure criminelle intentée contre lui ; il n'est point restituable contre les obligations résultant de ses délits ou quasi-délits. C'est ainsi, du reste, que la Cour de Cassation le décide.

La question de discernement devra être posée dans les matières dont ne s'occupe point le Code Pénal, notamment dans les délits de chasse, de pêche, en matière de douanes, en matière de délits forestiers; car il faut qu'il y ait fraude, intention coupable, pour que ces délits puissent donner lieu à des peines. Il faudra donc examiner si le mineur a agi avec discernement ou sans discernement; et dans le cas où il serait déclaré que le mineur a agi sans discernement, ce mineur devrait être acquitté.

En matière de contravention, il faudra s'occuper aussi de la question de discernement. Mais comme il y a des contraventions purement matérielles et des contraventions qui ne se constituent qu'à l'aide de la fraude, le fait seul, dénué de toute intention, suffisant pour faire appliquer la peine aux contraventions purement matérielles, à l'égard de ces dernières, il ne faudra pas s'occuper de la question de discernement. Ainsi donc il ne faudra pas toujours, pour les contraventions, recourir aux dispositions de l'art. 66 du Code Pénal.

§ 2.

Déclaration de discernement.

Si le mineur est déclaré avoir agi avec discernement, dans ce cas, l'intention criminelle se réunissant au fait, le mineur devra être puni.

Cependant la loi ne punit point les crimes et délits des mineurs de la même manière qu'elle punit les crimes et délits des majeurs.

Quel que soit le crime du mineur, la loi ne prononce pas contre lui des peines afflictives et infamantes, ou seulement infamantes. Toujours la peine est réduite à l'emprisonnement, dont la durée est proportionnée à la nature du crime (art. 67 C. P.); et quand il s'agit d'un délit, la loi déclare que le mineur ne peut être condamné au dessus de la moitié de la peine à laquelle il aurait pu être condamné s'il avait eu seize ans (art. 69 C. P.

L'article 67 précité dispose, dans son troisième paragraphe, que, si la peine encourue par le mineur est celle des travaux forcés à temps, de la détention ou de la réclusion, le temps pendant lequel il sera condamné à être renfermé dans une maison de correction doit être égal au tiers au moins et à la moitié au plus de celui pour lequel il aurait pu être condamné à l'une de ces peines. Cette disposition a donné lieu à une difficulté : quelques tribunaux ont pensé que le terme du tiers à la moitié devait être calculé sur le maximum de la peine encourue, et que dès-lors, s'il s'agissait des travaux forcés à temps (dont le maximum est de vingt ans), la condamnation ne pouvait être moindre de six ans et huit mois de détention.

Ce système a été proscrit par la Cour de Cassation, et il a été décidé que la durée de la détention se calcule aussi bien sur le maximum que sur le minimum de la peine.

Le mineur procède seul en justice, et dès lors la présence du tuteur n'est pas nécessaire, toutes les fois qu'il s'agit de l'action publique ; c'est la conséquence de la maxime *minor in delictis major habetur ;* il est regrettable qu'il en soit ainsi et que le tuteur ne soit pas appelé dans les préventions criminelles à côté de son pupille pour l'éclairer dans sa défense.

### § 3.

### *Compétence.*

D'après l'article 68 du Code Pénal, les mineurs de moins de seize ans doivent être traduits pour les crimes qu'ils ont commis non devant la Cour d'Assises, mais devant les Tribunaux correctionnels.

A cette règle, il y a plusieurs exceptions : 1º lorsque le mineur a des complices présents au-dessus de seize ans, à cause de l'indivisibilité de la procédure.

2º Lorsque le crime emporte, soit la peine de mort, soit celle des travaux forcés à perpétuité, soit celle de la détention à cause de la gravité du crime ou de sa nature politique.

3º Si le fait est un délit de nature politique, les tribunaux correctionnels ne seront pas compétents ; les simples délits politiques ne sont pas de la compétence des tribunaux correctionnels ; il est de principe que le jury seul peut connaître des délits politiques.

---

## QUESTIONS.

I. Le mineur de moins de seize ans peut-il jouir du bénéfice des circonstances atténuantes ? — Oui.

II. Le tuteur du mineur de moins de seize ans doit-il être mis en cause par la partie civile devant les tribunaux de répression? — Oui.

III. L'excuse qui, aux termes de l'art. 67 du Cod. Pén., résulte de l'âge en faveur du mineur de seize ans, ayant agi avec discernement, s'applique-t-elle au cas de parricide? Oui.

Cette Thèse sera soutenue, en séance publique, dans une des salles de la Faculté, le 29 Août 1861.

*Vu par le Président de la Thèse,*

DUFOUR

Toulouse, Imprimerie Troyes Ouvriers Réunis, imp.-Lib., rue Saint-Pantaléon.

9 782019 994501